Aulis Antamaa

Unohdetut tulkinnat

Kustantaja: BoD – Books on Demand, Helsinki, Suomi

Valmistaja: BoD – Books on Demand – Norderstedt, Saksa

ISBN: 9789528004776

Aluksi

Myyntilistojen ja radiokanavien soittolistojen ulkopuolelle jää paljon mielenkiintoista musiikkia. On olemassa "yhden hitin ihmeitä", jotka ovat unohtuneet, melko tuntemattomiksi jääneitä artisteja, joiden levytykset eivät ole saaneet huomiota, ja tunnettuja artisteja, joiden tuotantoa on jäänyt hittien varjoon. Aina soitetuimmat kappaleet eivät ole musiikillisesti olleet niitä kaikkein onnistuneimpia, mutta levyjen myynti sekä ostavaan ja kuuntelevaan yleisöön vetoava maku ovat vaikuttaneet siihen, mikä milloinkin noteerataan.

Olen poiminut vuosikymmenten varrelta iskelmä- ja viihdemusiikin levytyksiä, jotka olisivat mielestäni ansainneet enemmän huomiota. Valinnoissa painopiste on käännösiskelmien kulta-ajalla eli 1960- ja 70-luvuilla. Ainoastaan kaksi valitsemistani lauluista on ilmestynyt tällä vuosituhannella, ja nekin heti vuosina 2001-2002.

Esittelyiden yhteydessä annan myös vinkkejä artistin muusta tuotannosta. Tällöin pyrin listaamaan etupäässä kyseessä olevan laulajan muita vähemmän tunnettuja levytyksiä. Joissain tapauksissa tuon esiin myös artistin erityisen onnistuneita tunnettujakin kappaleita. Varsinaisista analyyseistä ja musiikkiesseistä pidättäydyn, ja pysyttelen suppeiden esittelyiden puitteissa.

Ritva Oksanen: Polly Garter (Columbia 1971)

Säv. Daniel Jones, san. Ilkka Ryömä, sov. Olle Wiberg

Pitkän uran näyttelijänä tehnyt Ritva Oksanen on myös laulanut ja levyttänyt runsaasti. *Polly Garter* on peräisin Oksasen albumilta nimeltä *Ritva Oksanen*, joka on taltioitu elävän yleisön edessä, levyn takakansitekstin mukaan Finnvox-studiolla 15.4. 1971.

Polly Garter on henkilöhahmo Dylan Thomasin kuunnelmasta *Under Milk Wood* eli *Maitometsässä*. Teoksesta on tehty versioita myös televisioon ja filmille.

Laulun alussa Oksanen luonnehtii Polly Garteria naiseksi, jolla on kaksitoista aviotonta lasta ja laaja sydän. Tämä haikea kitaralla säestetty balladi kertoo karuissa oloissa elävän naisen menneistä miessuhteista ja siitä ainoasta oikeasta, joka on jo edesmennyt. Melankolinen sävellys ja Ilkka Ryömän koskettava sanoitus saavat osakseen tulkinnan, jota voi luonnehtia laululyriikan juhlaksi.

Polly Garteria ei ole digitoitu. Sitä voi kuunnella vain vinyyliltä ainakin toistaiseksi.

Muita suositeltavia levytyksiä:

Kesäyö, Mihin onni menee, Voiko naista näin käsitellä.

Seija Lampila: Sellaista on elämä
(Polydor 1963)

Säv. Jean Bernard, san. Hillevi, sov. Arthur Furmann

Ensi levytyksensä vuonna 1951 tehneelle Seija Lampilalle ei siunaantunut suuria hittejä. Ammattilaiset arvostivat laulajaa, mutta tämän kansainvälinen tyyli ei saanut oikein vastakaikua suurelta yleisöltä. Useilla eri kielillä esiintynyt laulaja viettikin pitkiä jaksoja ulkomailla kiertäen eri orkestereiden kanssa. Chansoneihin mieltynyt Lampila oli tyytymätön hänelle tarjottuun levytysmateriaaliin ja vaihtoi levy-yhtiötä useaan otteeseen. Esimerkiksi Scandialla hän koki jäävänsä Brita Koivusen ja Annikki Tähden jalkoihin kun levytettävää jaettiin.

Kaikista vaikeuksista huolimatta Seija Lampilalta syntyi myös muutamia onnistuneita levytyksiä, joista osa on julkaistu cd-kokoelmana *Unohtumattomat*-sarjassa. Unohtumaton ei kuitenkaan kokoelman laatijan mielestä ollut yksi Lampilan kaikkein onnistuneimmista levytyksistä eli *Sellaista on elämä*, sillä kyseinen laulu on edelleenkin saatavilla vain vinyylisinglelle taltioituna. *Sellaista on elämä* on käännös

Jean Bernardin kappaleesta *Voila, voila la vie*. Suomenkieliset sanat ovat Hillevin eli Erik Lindströmin käsialaa. Sovitus on tempoltaan hengästyttävän nopea ja kiihkeä. Sähköurut tuovat viihdeorkesterin modernin jazzahtavaan soittoon hektisen ja hiukan painostavan tunnelman. Laulaminen vaatii ääneltä erityistä joustavuutta ja tekniikan hallintaa.

Levytys oli Suomessa aikaansa edellä. Vasta pari kolme vuotta myöhemmin televisiossa totuttiin kuulemaan Carolalta ja Laila Kinnuselta vastaavaa taltotasoa vaativaa viihdelaulua. *Sellaista on elämä* oli Seija Lampilan viimeisimpiä levytyksiä, sillä hän avioitui ja muutti ulkomaille vuonna 1964.

Muita suositeltavia levytyksiä:

Broadwayn rytmi, Habanera, Kun taivas itkee, Kylmä rakkaus, Sumuinen päivä, Tuo suru jonka sain.

Ykä Babitzin: Kesä (EMI 1975)

Säv. Bobby Goldsboro, san. Marjut Lehtinen

Babitzinien levyttäneistä sisaruksista Ykä eli
Georgij lauloi vähiten. Hänen tunnetuin levy-
tyksensä lienee *Senhän sanoo järkikin* - Muskan
kanssa tehty duetto, jolla sisarukset osallistui-
vat euroviisukarsintoihin vuonna 1974. Kappale
päätyi myös seuraavana vuonna ilmestyneelle
Ykän ainoaksi jääneelle albumille *Ykä alias
George Babitzin*. Tuon pitkäsoiton todellinen
helmi on A-puolen toinen kappale nimeltään
Kesä, joka on käännösversio Bobby Goldsboron
hitistä *Summer (The First Time)*. Suomenkieli-
nen versio on sovitettu melko uskollisesti alku-
peräisen hengessä. Kappaleen tiedoissa ei ker-
rota sovittajaa, mutta koko albumin tuottajaksi
mainitaan Ari Oinonen.

Kyseessä on herkän melodinen ja seesteinen
popballadi hienoine taustoineen, joissa kuuluu
mm. meren kohinaa ja jousien muodostama
kaunis äänimatto. Laulun kertoja elää kesäistä
toukokuun aamua ja kokee kuinka assosiaatiot
saavat hänet vaeltamaan muistoihin. Ykä Babit-
zin tulkitsee tekstin lämmöllä ja oikeanlaisen

haikeuden tavoittaen. Hän tuo hetken ainutlaatuisuuden esiin alleviivaamattomasti kertoen ja pateettisuuden välttäen. Tämä on yksi onnistuneimmista 1970-luvun suomenkielisistä käännöskappaleista, ja unohdettu siksikin, että levytystä ei toistaiseksi ole digitoitu.

Muita suositeltavia levytyksiä:

Vaari vain tanssii, joka on käännösversio Sammy Davis Jr.:n kappaleesta *Mr. Bojangles*.

Irina Milan: Päättymätön laulu (EMI 1981)

Säv. ja sov. Olli Ahvenlahti, san. Jukka Virtanen

Irina Milan levytti 60-luvulla viihteellisempääkin musiikkia, mutta erityisesti hän lienee jäänyt mieliimme vahvoilla tulkinnoillaan, joilla hän osallistui Syksyn Sävel -kilpailuun 70-luvulla: *Miesparka, Vanhan riekon laulu, Piru mieheks, Surun lempilapsi.*

Milan osallistui myös euroviisukarsintoihin useamman kerran sekä sooloartistina että taustalaulajana. Olli Ahvenlahden säveltämä *Päättymätön laulu* osallistui karsintoihin vuonna 1980. Kappaletta ei koskaan levytetty, vaan esitys oli pitkään nähtävissä vain YLE Areenan videotallenteena. Vuonna 2018 ilmestyi kuitenkin CD-tallenne, joka on koottu YLEn kantanauhoilta: *Olli Ahvenlahti & UMO: Seawinds - The Complete YLE Studio Recordings 1976-1981.* Tuolta levyltä löytyy myös *Päättymätön laulu* taltioituna vuonna 1981.

Irina Milan tulkitsee tämän jazzia ja lattarirytmejä yhdistelevän laulun räjähtävällä intensiteetillä samalla tekniikan loistavasti halliten. Ilmaisuvoiman raakuus on vaikuttavaa. Vertailukohtaa ei tule mieleen Suomesta, mutta italialainen supertähti Mina muistuttaa varsin paljon Irina Milania. Ja kuinka ollakaan: Irina Milan on aikoinaan levyttänyt Minan kappaleen *E poi* suomeksi nimellä *Ja silti jään*.

Muita suositeltavia levytyksiä:

Casse croute, Join kaiken pois, Kuinka tietää voin, Meri, missä on rakkaani? Vain sinulle laulun tein.

Katri Helena: Hyvä on mun olla sun
(Scandia 1975)

Säv. John Williams, san. Saukki, sov. Olli Heikkilä

Katri Helena laulaa jazzia? Kyllä. Näinkin nimekkäällä artistilla on levytyksiä, joita ei liiallisella radiosoitolla ole pilattu. On yllättävää löytää *Paloma Blancan* kaltaisen hölkän nimeä kantavalta vinyylialbumilta tyylikkäästi sovitettu kappale, jossa on aineksia jazzista ja bluesista, ja jonka kruunaa Toots Thielemans -henkisesti leijaileva huuliharppu. Laulusuoritus on tunnelmallinen ja helmeilevän kirkas. Ääni kulkee lämpimän joustavasti ja loihtii kuunneltavaksi yhden artistin kunnianhimoisimmista levytyksistä. Tällaista olisi vuosien varrella toivonut Katri Helenalta enemmänkin, mutta kaupallisen kysynnän ja tarjonnan lait kai ovat sanelleet toisin. Laulu ei ole päätynyt millekään kokoelmalle, mutta se löytyy Spotifysta.

Muita suositeltavia levytyksiä:

En ollut lady, Loppu tuskaa tuo aina, Ystäväin.

Erkki Liikanen: Yksin en mä ylene ylemmä
(RCA Victor 1975)

Säv. ja san. Erkki Liikanen, sov. Aarno Raninen

Erkki Liikanen tunnetaan parhaiten "seuramie-henä" ja huumoriralleistaan, joilla hän voitti Syksyn Sävel -kilpailun. Voitokkaita kappaleita olivat *Evakkoreki* ja *Jokkantii* peräkkäisinä vuosina 1975-76. Lisäksi hän sijoittui neljä kertaa kakkoseksi vuosina 1977-89. Liikanen on kuitenkin laulanut monipuolisesti muutakin, esim. klassista ja hengellistä musiikkia.

Yksi yllättävimmistä löydöistä Liikasen tuotannosta löytyy *Evakkoreki*-albumilta. *Yksin en mä ylene ylemmä* on laulajan itsensä säveltämä ja sanoittama. Sävellys ei edusta ollenkaan *Evakkoreki*-albumin nimikappaleen linjaa, vaan on balladi, jossa on aineksia kansanlaulusta ja modernista jazzista. Ilmavaa sovitusta hallitsevat piano ja saksofoni, ja artistin tulkinta etenee huolettoman kepeästi kuin autereinen aamunkoitto. Tällaisen musiikin parissa sielu lepää.

Levytys löytyy Spotifysta.

Muita suositeltavia levytyksiä:

Hietanen, Luvaton laulu (kokoonpanossa He-put), Näin se on.

Inga Sulin: Kesäyö (Kiss 1975)

Säv. Svein Hundsnes, san. Reino Bäckman, sov. Eino Virtanen

Inga Sulin ei ole ollut hittilaulaja eivätkä hänen levytyksensä ole soineet tiuhaan radiokanavilla. Jonkinlaiseksi ikivihreäksi on kuitenkin muodostunut Rauno Lehtisen säveltämä melodia *Kevätkoivu* elokuvaan *Vodkaa, komisario Palmu*. Inga Sulinin puhdas ja teknisesti taipuisa ääni on sopinut parhaiten raukeaan bossanovaan ja ikivihreisiin, joita hän levytti albumille nimeltä *Feelings* vuonna 1976. Tuolla pitkäsoitolla on mukana myös edellisenä vuonna singlenä julkaistu *Kesäyö*, joka on käännösversio Norjan vuoden 1975 Eurovision laulukilpailujen edustuskappaleesta. Tässä herkän hienovireisessä balladissa Inga Sulin käy kesäyön rauhaa henkivää vuoropuhelua huilun kanssa. Tuloksena on ajattoman klassista viihdemusiikkia. Koko *Feelings*-albumi löytyy Spotifysta.

Muita suositeltavia levytyksiä:

Dindi, On yö, tehkää tilaa, Rakkaustaika, Studio Etude No 1, Tähtisumua, Vuoropuhelu.

Seija Simola: Vaikka kaiken menetin
(Polarvox 1984)

Säv. Francois Valery, san. Vexi Salmi, sov. Veikko Samuli

Seija Simolan huippulevytysten kausi ajoittui 1970-luvun alku vuosiin, mutta myöhemminkin syntyi paljon mielenkiintoista. Artisti itse piti viimeiseksi jäänyttä vuonna 1986 ilmestynyttä *Seija*-albumiaan yhtenä uransa onnistuneimmista. 1980-luvulle tultaessa käännöslevyjen kultakausi alkoi jäädä taakse ja suurten studio-orkestereiden aika oli enää kaunis muisto.

Seija Simolalta ilmestyi vuonna 1984 *Tunteet*-niminen albumi, joka oli ajankohdalle tyypillisesti syntikkavetoisesti tuotettu ja siksi hiukan ponnettoman oloinen kokonaisuus. Tälläkin levyllä on helmensä, joissa Simolan ääni soi parhaimmillaan. *Vaikka kaiken menetin* on pitkäsoiton päätösraita. Lauluääni ei ole enää yhtä kirkas kuin edellisen vuosikymmenen alussa, mutta tulkintaan on tullut tummuutta ja syvyyttä. Edes tasapaksu tuotanto ei pysty viemään terää surumielisen balladin voimakkaalta tulkinnalta. Ainutlaatuista! Levytys löytyy Spotifysta.

Muita suositeltavia levytyksiä:

*Elämys kirkas oot, Kaipaus New Orleansiin,
Näin tää vain on, Tunne.*

Sammy Babitzin: Nainen (Columbia, EMI 1973)

Säv. ja san. Kari Kuuva, sov. Ari Oinonen

Sammy Babitzinin nousussa ollut ura katkesi vuonna 1973 menehtymiseen auto-onnettomuudessa vain 24-vuotiaana. Hän oli edellisenä vuonna voittanut Syksyn Sävel -kilpailun Kari Kuuvan säveltämällä ja sanoittamalla kappaleella *Daa-da-daa-da*, josta tuli superhitti ja vähitellen myös ikivihreä. Kuuvan säveltämä ja sanoittama on myös Sammyn ehkä kaikkein vaikuttavin levytys nimeltään *Nainen*. Poikkeuksellisen onnistuneessa melankolisessa sävellyksessä on jotain niin yleispätevää, että voisi luulla kyseessä olevan käännösversion jostain tunnetusta kansainvälisestä menestyskappaleesta.

Nuoresta iästään huolimatta Sammy tulkitsee laulun erittäin eletyn oloisesti. Sanotaan artistin eläneen hektisesti noihin aikoihin, ja melkoista vimmaa on tarttunutkin tähän levytykseen.

Nainen ilmestyi *Pikku-Kallen päivän huuli* -singlen B-puolella ja albumilla nimeltä *Sammy*.

Vuonna 1974 säveltäjä Kari Kuuva levytti kappaleen itsekin albumilleen *Pelkkää Kuuvaa*. Sammyn versio löytyy myös Spotifysta.

Muita suositeltavia levytyksiä:

Kuin tuhka tuuleen, Kukat kauniit aamuin sulle toisin, Pienen pojan nukkeshow.

Ami Aspelund: Kunnes uudestaan
(RCA Victor 1975)

Säv. ja sov. Aarno Raninen, san. Monica Aspelund

Aarno Raninen sävelsi vuonna 1975 albumillisen verran gospelmusiikkia. Monica Aspelund sanoitti ja yhdessä Ranisen kanssa tuotti kokonaisuuden, jonka nimeksi laitettiin *Credo - minä uskon*. Solisteina lauloivat Ami ja Monica Aspelund.

Kunnes uudestaan on gospeljazzia ja sielukasta sellaista. Tämän pianon, basson ja lyömäsoitinten kannatteleman jazzballadin Ami Aspelund tulkitsee niin kuulakkaan hauraasti, että musiikillinen kokonaisuus vangitsee. Tunnustuksellisuuttakin vierastava voi unohtaa sanat ja vain antautua musiikin vietäväksi. Ami laulaa tässä totuttua korkeammalta ja silti puhtauden ja tyylin halliten. Koko albumi on kuunneltavissa Spotifyssa, ja siltä löytyy myös Monica Aspelundin hieno soolokappale nimeltä *Talita Kuum*.

Muita suositeltavia levytyksiä:

Korvissa soi (Cascaden solistina), Koska sun taas nähdä saan, Päivä kaunein on tullut, Stjärnan, Vägen till lyckan.

Monica Aspelund: Sä mulle päivänpaisteen toit (RCA Victor 1975)

Säv. Stevie Wonder, san. Jukka Virtanen, sov. Aarno Raninen

Sä mulle päivänpaisteen toit on käännös Stevie Wonderin hitistä *You Are the Sunshine of My Life*. Tunnetumpi suomenkielinen versio kappaleesta on Maaritin levyttämä *Sua ehkä liika pomputin*, joka on tyyliltään soulahtavaa poppia.

Aarno Ranisen Aspelundille tekemä sovitus on bossanovan hengessä keinuvaa viihdemusiikkia. Raikkaan sovituksen ja sulavan hallitun laulusuorituksen muodostaman kokonaisuuden kruunaa lopussa vokalistin jazzahtava improvisaatio, jollaista on harvoin tallentunut suomalaisille viihdelevyille. Harmillisesti tämä yksi Aspelundin onnistuneimmista levytyksistä on jäänyt Maaritin sinänsä ansiokkaan levytyksen varjoon.

Monica Aspelund on siinä mielessä harvinainen artisti, että häneltä ei ole julkaistu yhtään cd-kokoelmaa. Onneksi *Sä mulle päivänpaisteen toit* löytyy Spotifysta, kuten koko *Monika &*

Aarno Ranisen orkesteri -niminen albumi, jolle kappale aikoinaan päätyi.

Muita suositeltavia levytyksiä:

Maailman täysi aikaa, Par avion, Rajamaa, Sulla toinen siis nyt on, Talita kuum.

Fredi: Niin käy haaveiden (Finnlevy 1974)

Säv. Matti Siitonen, san. Vexi Salmi, sov. Markku Johansson

Fredi eli Matti Siitonen on laajan laulutuotantonsa lisäksi säveltänyt runsaasti sekä itselleen että muille artisteille. Nimekkäimmistä sävellyksistä mainittakoon *Avaa sydämesi mulle, Hän on mun, Istun ullakolla yksinäin, Jätkän oma kulta, Katson sineen taivaan ja Pump pump.*

Niin käy haaveiden on iskelmän aatelia sekä sävellyksenä, sanoituksena että sovituksena. Haikean balladin kertoja näkee ohimennen vanhan luokkatoverinsa ja saa todeta, etteivät tämänkään lapsuuden haaveet ole toteutuneet.

Markku Johanssonin ilmavan tyylikästä sovitusta koristavat mm. huilu ja trumpetti, jotka yhdistettynä Fredin kertosäkeessä laulamiin taitaviin stemmoihin tuovat mieleen Johanssonin Pepe ja Paradise -kokoonpanolle sovittaman ikivihreän nimeltä *Toiset meistä.*

Niin käy haaveiden hautautui *Anna sydämesi mulle* -albumin B-puolelle ja harvoin sitä on missään kuultu. Levytys löytyy Spotifysta.

Muita suositeltavia levytyksiä:

Clair, En näkemiin sanoa voi, Rakkaus syttyy, rakkaus sammuu, Sinä yönä, Sun kanssas kohtaan huomisen, Yksin oon tietenkin.

Iris Keinänen: Näen jälleen kesän
(Blue Master 1972)

Säv. Valto Laitinen, san. Saukki, sov. Sven Nygård

Iris Keinäsen laulajanuralle kertyi vain kahdeksan levytystä, vaikka hän kierisikin esiintymässä seitsemän vuoden ajan. Vuonna 1972 Keinänen osallistui Syksy sävel -kilpailuun Valto Laitisen sävellyksellä *Näen jälleen kesän*. Laulussa kuljetaan autiota syksyistä rantaa, ja palataan kesän kiihkeisiin muistoihin. Valto Laitisen sävellys on tyylikäs ja hienostunut, ja Sven Nygårdin jousisovituksessa on hiipivän painostavaa kehittelyä, joka purkautuu isosti orkestroituun kertosäkeeseen. Iris Keinänen tavoittaa hallitusti sekä tarvittavan herkkyyden että voiman tulkinnassaan. Pakahduttavaa! Levytys löytyy Spotifysta.

Muita suositeltavia levytyksiä:

Hiljaisuuden ääni, Päivät.

Rauni Pekkala: Luonasi oli aina niin ihanaa
(Polydor 1964)

Säv. Theo Mackeben, san. Solja Tuuli, sov. Esko Linnavalli

Rauni Pekkalan aktiivisin levytyskausi osui jazziskelmän aikakaudelle 1960-luvun alkuun, ja levy-yhtiö antoi hänelle levytettäväksi pirteän tyttömäisiä kappaleita. Laulajan itsensä mielestä kaikki tarjottu materiaali ei ollut ihanteellista hänelle, varsinkaan jotkut Ruotsista valmiina ostetut taustat, jotka ollvat llian korkeita hänen äänialalleen. Kohdalle sattui kuitenkin joitakin täysosumia.

Solja Tuulen eli Saukin suomeksi sanoittama *Luonasi oli aina niin ihanaa* on versio 1930-luvun ikivihreästä operettimelodiasta *Bei dir war es immer so schön*. Kappaleen oli levyttänyt Kullervon sanoittamana mm. Olavi Virta jo vuonna 1944. Rauni Pekkalan täyteläisen lämmin ja haikea tulkinta istuvat hienosti Esko Linnavallin pelkistettyyn sovitukseen, jossa kitara ja sähköurut säestävät ja viulusoolo huokuu nostalgiaa. Tulos on ajatonta viihdemusiikin kultaisten siipien havinaa. Levytys löytyy Spotifysta.

Muita suositeltavia levytyksiä:

Lady Sunshine and Mr. Moon, Oikukas onni, Saanhan kaiken, Sellainen rakkaus, Suudelmin suljetut kirjeet, Vain kirjeitä kirjoitamme.

Kaj Chydenius: Oli huhtikuun ilta
(Love Records 1974)

Säv. ja sov. Kaj Chydenius san. Arvo Turtiainen

Oli huhtikuun ilta on taidetta. Siinä ihminen havahtuu heräävään kevääseen ja Chydenius tulkitsee kokemuksen järisyttävällä paatoksella. Jazzahtava sovitus on John Coltrane -henkinen saksofonisooloineen, ja oman mausteensa sille antaa pieni Agit Prop -henkinen kuorokohtaus.

Tämä harvinaisuus löytyy vain vinyylialbumilta *Arvo Turtiainen - Minulla on ystävä*, jolla eri artistit tulkitsevat Turtiaisen lyriikkaa. Alkuperäisen puutteessa voi kuunnella Spotifyssa Taru Nymanin herkän runollisen version vuodelta 2007.

Muita suositeltavia levytyksiä:

Armaan läheisyys, Kaikkein kaunein tyttö, Laulu oravasta, Sinua, sinua rakastan, Valkovuokot.

Päivi Paunu: Saat laulun (Scandia 1977)

Säv. Eldad Shrem, san. Pertsa Reponen, sov. Veikko Samuli

Folkmusiikin parissa uransa aloittanut Päivi Paunu levytti myöhemmin myös iskelmää ja viihdemusiikkia. *Saat laulun* on iskelmää perinteisimmästä päästä. Kyseessä on käännösversio Israelin vuoden 1977 edustuskappaleesta Eurovision laulukilpailuissa. Tuohon aikaan selkeät ja voimakkaat melodiat tarttuvine kertosäkeineen olivat valtavirtaa. Tällaisessa suuren orkesterin kanssa tehdyssä levytyksessäkin Paunu sai aikaan vakuuttavaa jälkeä. Luontaisen herkkyyden lisäksi hän pystyi löytämään tarvittavaa voimaa kannattelemaan paatoksellista kertosäettä. Näitä suurten melodioiden ja orkestereiden aikoja monet vanhemman polven edustajat ovat todenneet kaipaavansa Euroviisuista puhuttaessa. Levytys löytyy Spotifysta.

Muita suositeltavia levytyksiä:

Aria, Hello Love, Jokainen päivä on liikaa, Kauneimmat päivät, Kun lauloin uudestaan.

Iris Rautio: Kesän kauniin muistaa (CBS 1969)

Säv. Les Reed, san. J. Lehmus, sov. Björn Björklöf

Omaleimaisesta tummasta äänestään tunnettu Iris Rautio ei levyttänyt kuin muutaman singlen, eikä jazziin mieltyneestä laulajattaresta tullut kansansuosikkia. Rautio asui vuonna 1969 Ruotsissa, ja edusti maata Cannesin Midemfestivaaleilla kappaleella *Sweet Souvenirs of Stefan*. Samana vuonna laulusta ilmestyi hänen suomenklellnen versionsa nimeltään *Kesän kauniin muistaa*. Tämä elokuvaan *Girl on a Motorcycle* sävelletty viihdeballadi muistelee kaihoisasti mennyttä kesäromanssia J. Lehmuksen eli Jyrki Lindströmin suomentamin sanoin. Persoonallinen alttoääni soi lämmintä tunnetta tulvillaan.

Tuotantoa Rautiolta on huonosti saatavilla. Spotifysta löytyy muutama levytys, ja ainakin toistaiseksi *Kesän kauniin muistaa* on kuunneltavissa Youtubessa.

Muita suositeltavia levytyksiä:

Blue Monk, Miks hän ei olla saa niinkuin ha-luaa, Nousevan auringon talo, Rinteen poika, Tulen jälkeen.

Kai Lind: Tunsin sen (Tophits-Finnhits 1979)

Säv. Antonio Carlos Jobim, san. Kai Lind, sov. Taisto Wesslin

Kai Lind on esiintynyt vuosikymmeniä sekä soolona että lauluyhtye Four Catsin riveissä. Ensimmäinen levytys on vuodelta 1960, ja 60-luvun alkuun ajoittuivatkin sekä Lindin että Four Catsin menestyneimmät vuodet.

Vuonna 1979 ilmestyi albumi nimeltä *Kai Lind 1979*, jolla on mukana muutama laulajan oma sävellys ja sanoitus. *Tunsin sen* on alun perin Antonio Carlos Jobimin tunnettu bossanova nimeltä *O amor em paz* (engl. *Once I Loved*), johon Kai Lind on tehnyt suomenkieliset sanat.

Taisto Wesslinin sovitus on varsin traditionaalinen. 70-luvun lopulla tällainen ei ollut trendikästä, vaan varmaankin suunnattu nostalgian nälkäisille. Ikivihreän oloista ja tyylikkään pelkistettyä sovitusta hallitsevat piano ja Wesslinille tyypillisesti kitara. Juuri edellä mainituista seikoista johtuen levytys ei kuulosta vanhentuneelta, vaan on säilyttänyt ajattoman lumonsa. Kai Lindin hallittu legatolaulu kulkee matalana ja sametinpehmeänä, kuin luotuna tämän hitaan ja haikean bossanovan tulkintaan. Kappale ja koko albumi löytyvät Spotifysta.

Muita suositeltavia levytyksiä:

Dindi, Kyynelhelmi, Niin mielelläni, Toiset on luotuja kulkemaan.

Sinikka Oksanen: Laura (Artie Music 2005)

Säv. David Raksin, san. Olavi Virta

Sinikka Oksanen keikkaili vuosina 1951-1961 eri jazzorkestereiden solistina ja esiintyi sen jälkeen vielä muutamia kertoja radiossa vuoteen 1966 saakka. Levytyksiä artisti ei tehnyt, koska hän piti kiinni tahdostaan laulaa vain jazzia ja englanninkielisiä ikivihreitä, joille ei tuolloin ollut tarpeeksi ostavaa yleisöä.

Yleisradion esityksistä oli kuitenkin jäänyt talteen laulajan ja tämän muusikkopuolison Antero Stenbergin kotinauhoituksia, jotka julkaistiin vuonna 2005 cd-levyllä nimeltä *Sinikka Oksanen - Antero Stenberg. Radio Sessions 1959-1966*.

Sinikka Oksasen täyteläinen tumma ääni soi parhaimmillaan tunnetussa elokuvamelodiassa *Laura*, johon Olavi Virta on tehnyt suomenkieliset sanat. Ajattoman, viihdemusiikin kulta-aikaa henkivän esityksen säestivät vuonna 1966 Olli Pariola (p), Heikki Annala (b) ja Kalevi Hänninen (dr.).

Radio Sessions 1959-1966 -albumia ei löydy
Spotifysta. Sitä kannattaa etsiä kirjastoista tai
levydivareista.

Spotifystä löytyy Sinikka Oksasen esitys *Deep
Purple*, joka sisältyy albumille *Suomalainen jazz
- Finnish jazz 1929-1969 Vol 5*.

Camilla: Tien selvemmin nään (Hi-Hat 1978)

Säv. Joe Brooks, san. Bugaluu, sov. Upi Sorvali

Vinyylisinglen etiketissä lienee painovirhe, sillä siinä lukee selvemmän eikä selvemmin, kuten itse laulussa lauletaan. Myös Anna Erikssonin 2000-luvun alussa levyttämässä versiossa lukee selvemmin. Tämä suomenkielinen versio tunnetusta gospelhitistä *You Light up My Life* tuli suurelle yleisölle tutuksi vasta Erikssonin versiona.

Melko lyhyen levytysuran tehnyt Camilla levytti oman herkän sielukkaan ja hauraan versionsa jo vuonna 1978. Kappale ilmestyi sekä singlenä että albumilla *En unta saa*. Bugaluun eli Kaisu Liuhalan sanoitus ei julista, vaan on alleviivaamattoman hienovireisesti hengellinen. Upi Sorvali sovitti tämän melodialtaan pakahduttavan helmen. Laulu ja albumi löytyvät Spotifysta.

Muita suositeltavia levytyksiä:

Heinäkuu, Tavataan uudestaan, Vain muuan mies.

Kauko Wikström: Tumman rukous
(RCA Victor 1971)

Säv. Carlos Orquin, san. Pertsa Reponen, sov. Esko Linnavalli

Kauko Wikströmiä ei oikein voi luonnehtia yhden hitin ihmeeksi, sillä vaikka hän levyttikin vain yhden singlen, niin sen kappaleista kumpikaan ei noussut hitiksi. Hatarien muistikuvieni mukaan *Tumman rukous* tosin soi radiossa jonkin verran ilmestyttyään. Lattarihenkinen levytys on bossanova, mutta ei aivan tyypillinen sellainen, vaan melodiassa on mukana jotain eksoottista ja salaperäistä. Mustien asemaa pohtiva sanoitus on voimakkaan kantaaottava. Poliittisen laululiikkeen tuulet tosin puhalsivat noihin aikoihin, mutta musiikilliselta tyyliltään *Tumman rukous* on kuitenkin perinteistä viihdemusiikkia. Wikström hallitsee vaivattomasti bossanovan keinuvan rytmin, ja äänessä on muhkeaa särmää. Levytys löytyy Spotifysta.

Muita levytyksiä on vain singlen B-puoli nimeltä *Noin puoli kuuden aikaan*.

Anneli Sari: Nyt näkemiin (Vox 1993)

Säv. Dezsö Balogh, san. Timo Päivänsalo,
sov. Serge Camps & Anneli Sari

Vuonna 1993 Anneli Sari julkaisi albumin *Kultaiset korvarenkaat*, jolla säestävä yhtye koostuu ulkomaisista muusikoista. Pitkäsoiton kakkosraita nimeltä *Nyt näkemiin* on tyyliltään perinteistä romanimusiikkia. Säestävässä kokoonpanossa on mukana kaksi kitaraa, harmonikka, basso ja viulu. Hengästyttävän kiivastempoinen sovitus toimii kuin entisaikojen junan vessa. Yhdellä otolla tallennettu soitto on silkkaa akustisen musiikin juhlaa. Anneli Sarin temperamenttinen tulkinta on virtuoosimainen, ja siinä on häikäisevää särmää. Levytyksessä ei ole tietoakaan kaupallisesta tuotannosta, se on tehty rakkaudesta musiikkiin. Spotifysta tätä ei valitettavasti löydy.

Muita suositeltavia levytyksiä:

Ei mitään yksin ole ihminen, Jäähyväiset, Romano Choro, Sirpale onnea, Silkkiliina, Taivas kuin vaniljaa.

Tuulikki Eloranta: Vain unen omistin
(Love Records 1974)

Säv. Edu Lobo, san. Saukki, sov. Matti & Pirjo Bergström

Viihdelaulajana Tuulikki Eloranta oli Love Recordsilla melkoinen outolintu, sillä levy-yhtiö ei juurikaan panostanut perinteiseen viihdemusiikkiin. Artisti levytti Lovelle neljä pitkäsoittoa, karttoi tanssilavoja ja panosti ravintolashowesityksiin. Hittilistoille ja kansansuosikiksi ei siis ollut suurta pyrkyä. *Vain unen omistin* on sovitukseltaan utuisen hidastempoinen bossanova. Melodia ei jää helposti mieleen ja kertosäe puuttuu. Teoksen haastava sävelkulku vaatii laulajalta hienovaraista nyansointia, ja siinä Eloranta on ollut artisti paikallaan. Laulu on ainakin toistaiseksi kuunneltavissa vain vuonna 1974 ilmestyneellä vinyylialbumilla *Hymni rakkaudelle*.

Muita suositeltavia levytyksiä:

Kaikki kuuluu elämään, Rakkaimpasi tähden, Saan olla yksin, Silloin kun kaiken antaa, Yli rajojen, Yli vuorien, yli merien.

Beni Siltala: Myrsky (Blue Master 1972)

Säv. Buddy Buie, san. Kari Kuuva, sov. Ari Oinonen

Kolme pitkäsoittoa uransa aikana julkaisseen Beni Siltalan kohdalle ei ole osunut suurta hittiä, ja hän on jäänyt melko tuntemattomaksi, vaikka onkin pitkään ollut musiikin parissa sekä laulajana, säveltäjänä että kosketinsoittajana.

Vuonna levytetty *Myrsky* on käännöskappale. Se on popahtava iskelmä, jonka sovituksessa puhaltavat raikkaat tuulet ja trumpetit. Laulajan ääni kulkee vahvasti ja karhean miehekkäästi. Vaikka laulussa soi kaipuu, niin tunnelma on onnistunut sekoitus haikeutta ja kepeää lennokkuutta. Levytys löytyy Spotifysta.

Muita suositeltavia levytyksiä:

Sateen jälkeen, Tuuli soi, Tänne kaikki meidän uima-altaaseen.

Hannele Laaksonen: Kaikkeni annoin
(His Master's Voice 1966)

Säv. Ole Høyer, san. Kari Rydman, sov. Björn Björklöf

Hannele Laaksonen ei levyttänyt kuin kaksi singleä vuonna 1966 ja pari kappaletta Black & White -nimisen yhtyeen kanssa vuonna 1975. *Kaikkeni annoin* on hiukan omituinen ja ristiriitaisia reaktioita herättävä levytys. Nimensä mukaisesti laulussa liikutaan elämää suurempien tunteiden äärellä. Pateettisuuden partaalla tasapainoillen artisti haikailee menetetyn rakkauden perään. Tulkinta on kuitenkin niin vilpitön ja eletyn oloinen, että se pakahduttaa kuulijan. Tässä on onnistuttu tallentamaan aidon kuuloista kaihoa ja sydämen tuskaa. Laulu löytyy Spotifysta, jossa ovat myös seuraavat Laaksosen levytykset:

El Bimbo, Rakkauteni, Silloin.

Titta Jokinen: Kun kuuluu lauluni tää
(Scandia 1970)

Säv. Melanie Safka, san. Kari Tuomisaari, sov. Olli Heikkilä

Näyttelijänä paremmin tunnettu Titta Jokinen on levyttänyt jonkin verran alkaen vuodesta 1969. Levytyksiä löytyy sekä soolona, duettoina että lauluyhtye Mirumarun jäsenenä.

Kun kuuluu lauluni tää on käännösversio Melanie Safkan hitistä *Look What They've Done to My Song, Ma*. Tämä suomenkielinen versio on jäänyt melko tuntemattomaksi. Ehkä se olisi vaatinut esittäjäkseen tunnetumman solistin? Levytys sinänsä on kuitenkin onnistunut. Sovitus on kevyt ja folkahtava verrattuna alkuperäisversion kabareemaisuuteen. Jokiselle olisi hyvin sopinut laulaa enemmänkin tämän tyyppistä aineistoa, jonka parissa hän muistuttaa ääneltään ja tyyliltään hiukan Päivi Paunua. Tämä lämpimästi tulkittu ja viihdyttävä popkappale löytyy Spotifysta.

Muita suositeltavia levytyksiä:

Kaarnalaiva (duetto Gugin kanssa), *Kupla, Sen eläisin uudelleen* (duetto Gugin kanssa), *Sydän sanoo sen*.

Mikko Alatalo: Nokkoset (Love Records 1976)

Säv. ja san. Mikko Alatalo

Ennen Syksyn Sävel -voittojaan ja *Känkkä-ränkkä*-laulujaan Alatalo teki viiltäviä popkappaleita. *Hasardi*-albumilta voisi valita useammankin laulun tähän. Albumi oli arvostelumenestys, mutta Hurriganes-huumaa elänyttä teiniyleisöä se ei sytyttänyt. Ilmeisesti Alatalon taustayhtyeenä soittanut Tabula Rasa oli liian progea. Toki nimikappale *Hasardi* oli jonkinmoinen hitti, mutta useimmat muut laulut jäivät vähälle huomiolle. Kappaleiden sovittajia ei ole yksilöity, vaan koko levyn sovittajiksi mainitaan Alatalo, Otto Donner ja Tabula Rasa.

Nokkoset on albumin päätösraita, jonka sävel ja teksti ovat Alatalon. Pienimuotoinen balladi on sovitettu pianolle, kitaralle ja jousille. Kryptinen sanoitus henkii pateettisuutta hipovaa nuoruuden idealismia ja maailmantuskaa, mutta Alatalo tulkitsee sen niin riipaisevan uskottavasti, että hallelujaa!

Hasardi-albumia ei ole julkaistu cd-levynä,
mutta kokonaisuus on nykyään viimein kuun-
neltavissa Spotifyssa.

Muita suositeltavia levytyksiä:

*Enkeli, Että jotain tuntisin, Kitara pois, Kotona,
Per Vers, runoilija, Syli.*

Laura Garam: Once Again (LGRM – 001, 1995)

Säv. san. sov. Mikki Nuorivaara

Jazzlaulaja Laura Garamilta ilmestyi vuonna 1995 albumi, jolle hän levytti jazzstandardien lisäksi muutaman Mikki Nuorivaaran teoksen. Läpi *This Gentle Rain* -pitkäsoiton Garamin osaaminen kantaa klassisen jazzlaulun perinteen halliten. Muhkean lämmin ääni on omimmillaan levyn viimeisessä kappaleessa *Once Again*, joka on Nuorivaaran säveltämä pienimuotoinen runollinen helmi. Garamin albumiharvinaisuus löytyy Spotifysta.

Muita suositeltavia levytyksiä:

Lonely Hours, Summer Goodbye, This Gentle Rain.

Essi Wuorela: Maailmanpyörä
(Fazer Records 1997)

Säv. Heikki Sarmanto, san. Vexi Salmi, sov. Torrie Zito

Yhdysvaltalainen jazzlaulaja Helen Merrill levytti vuonna 1997 Heikki Sarmannon sävellyksiä albumille *Carrousel*. Samana vuonna Essi Wuorela levytti laulut suomeksi albumille nimeltä *Hellyys*. Vexi Salmi kirjoitti tekstit ja Torrie Ziton johtama Tapiola Sinfonietta säesti. Albumin kolmas kappale nimeltä *Ilmestys* soi radiossa usein levyn ilmestyttyä, mutta muita kappaleita on kuultu harvemmin. Näin voi todeta myös pakahduttavan haikeasta *Maailmanpyörästä*, jossa Essi Wuorelan sielukkaan herkkä ääni soi parhaimmillaan, ja Torrie Ziton orksestraatio kruunaa kokonaisuuden. Sekä *Hellyys*- että *Carrousel*-albumit löytyvät Spotifysta.

Muita suositeltavia levytyksiä:

Muistot jää, Olen unohtanut kaiken (soolo Rajaton-yhtyeen kanssa), *Usvaiset katseet, Viesti*.

Matti Esko: Kaunis tarina
(Blue Master Special 1974)

Säv. Michel Fugain, san. M Peura, sov. Heikki Annala

Rekkamies-levytyksen myötä vuonna 1986 suureen suosioon noussut Matti Esko oli aloittanut muusikkona jo 1960-luvulla. Albumeita ilmestyi vuodesta 1970 alkaen tasaiseen tahtiin ilman suurempaa menestystä.

Vuonna 1974 levytetty Kaunis tarina ilmestyi pitkäsoitolla nimeltä *Sadekesä*. Melodialtaan erityisen kaunis ja valoisa kappale kuulostaa ikivihreältä, ja sen alkuperäisversio oli suuri hitti Ranskassa vuonna 1972. Suomenkielinen versio on kuitenkin jäänyt vähälle huomiolle. Sovituksessa on onnistuttu yhdistämään hienosti puhaltimet, sähköurut ja taustakuoron sointi. Tyylikkään lopputuloksen viimeistelee Matti Esko musikaalisuudellaan ja jo tuolloin valmiilla, samaan aikaan pehmeällä ja karhealla soundillaan. Levytys löytyy Spotifysta.

Muita suositeltavia levytyksiä:

Ei sille mitään voi, Harhakuvia, Maria, Onko mahdoton?, On maailma suuri, Yksin.

Marion: Olkoon niin (Columbia 1973)

Säv. ja sov. Raimo Henriksson, san. Chrisse Johansson

Marion on tunnettu lähinnä pirteistä hiteistään, mutta menestysten joukkoon mahtuvat myös *Mirjamin valssi* ja *Hyvästi yö*. Laulajalta ilmestyi 70-luvulla kymmenen EMI-albumia, ja kaiken kaikkiaan hän on levyttänyt lähes 400 laulua, joten paljon on jäänyt singlejulkaisujen varjoon ja vähälle huomiolle.

Raimo Henrikssonin sävellys *Olkoon niin* ilmestyi ensin Ritva Oksasen esittämänä vuonna 1972. Marion levytti kappaleen seuraavana vuonna *Tom tom tom* -albumin päätösraidaksi. Molemmissa versioissa on sama Henrikssonin sovittama tausta. Näistä kahdesta Ritva Oksasen versio on jäänyt elämään, ei vähiten siksi, että se julkaistiin aikoinaan singlenä ja myöhemmin myös eri cd-kokoelmilla. Marionin versio on vain albumiraita, eikä sitä ole myöhemminkään julkaistu millään kokoelmalla. Onneksi laulu löytyy nykyään Spotifysta.

Marionin tulkinta on parhaimmillaan yhdistelmä täyteläistä äänenväriä ja tekniikan taitavaa hallintaa, josta hyvinä esimerkkeinä käyvät *El Bimbo* -albumin raidat *Fio Maravilla* ja *Kesä mennyt*. *Olkoon niin* on kuitenkin vielä enemmän. Siinä äänenkäytön tekninen hallinta ei ole ensisijaista, vaan artisti heittäytyy voimakkaasti ja pieniä vivahteita korostaen sanojen ja tunteiden vietäväksi. Tulkinnan skaala ulottuu kuiskauksesta lähes huutoon: "En tiedä miksi katuisin, kun joka solullain, mä tunsin rakastin." Noita fraaseja ei läpilauleta, vaan ne eletään vahvasti tulkiten. Kappale on sovitettu suurelle orkesterille, joten vaatimattomampi laulusuoritus olisi jäänytkin pahasti sovituksen jalkoihin. Laulun englanninkielinen versio *Go Your Way* päätyi englanninkielisen *El Bimbo* -singlen B-puolelle.

Muita suositeltavia levytyksiä:

Aamuun on aikaa tunti vain, Aina, aina, aina, Etsin suurta maailmaa, Hine ma tov, Kerää unten voimaa, Rakkaus on ikuinen, Viimeinen tango Pariisissa.

Vera Telenius: Elegia (PiMu 1984)

Säv. Perttu Hietanen & Taisto Wesslin,
san. Eino Leino, sov. Petri Linnasalmi

Vera Teleniuksen tuotannosta enemmälti ra-
diosoittoa saivat aikoinaan vain *Miljoona ruu-
sua, Tanssi loppuun rakkauden ja Harlekiino.*
Laulelmat jäivät vähemmälle huomioille.

Elegia oli jo ennestään tuttu yhtenä Vesa-Matti
Loirin monista Eino Leino -tulkinnoista. Vera
Teleniuksen versio löytyy vuonna 1984 ilmesty-
neeltä menestysalbumilta *Miljoona ruusua,*
jota myytiin yli 70 000 kappaletta. Teleniuksen
versio on sovitukseltaan lähellä klassista yksin-
laulua, jota pelkkä piano säestää. Läsnä ovat
kaikki tyypilliset ainekset: mahtipontisuus, ta-
hatonta koomisuutta herättävä paatos ja sydä-
men pohjasta nouseva tulkinta. Kuulijassa
mahdollisesti heräävä hilpeys hyytyy viimeis-
tään viimeisen säkeistön kohdalla, jossa tulkin-
nan mahtava voima nostaa karvat pystyyn. Hui-
keaa loppunousua korostaakseen pianistikin
heläyttää päätteeksi muutaman blues-soinnun.
Tässä meillä on Suomen Chavela Vargas! Levy-
tys löytyy Spotifysta.

Muita suositeltavia levytyksiä:

Ala vetää vaan, Et voi et saa, Ja vuodet ne käy,
Missä armaani vieläkin viipyy, Nocturne,
Tumma virta.

Danny: On meri tänään rauhaton
(Scandia 1981)

Säv. Yiannis Dimitras & Yorgas Niarchos,
san. Raul Reiman, sov. Veikko Samuli

Yli 50 listahittiä pelkästään 1960-luvulla, lukuisia showkiertueita, yrittäjän ura viihdebisneksessä ja duettokausi Armi Aavikon kanssa...

Vauhtia ja yllättäviä käänteitä Danny uraan on mahtunut, mutta seesteistäkin tuotantoa löytyy. *On meri tänään rauhaton* on suomenkielinen versio Kreikan Eurovision laulukilpailun edustuskappaleesta vuodelta 1981. Surumielinen ja chansonhenkinen laulu antaa tilaa tulkinnalle, mikä lienee ollut tervetullutta vaihtelua kovimman Armi & Danny -huuman laannuttua. Tässä herkästi eläytyen kerrotussa jäähyväislaulussa on vielä kaikuja käännösiskelmien kulta-ajasta. Vain askel pari eteenpäin ja 1980-luvun hengetön syntikkabuumi alkoi takoa iskelmää lyttyyn. Levytys löytyy Spotifysta.

Muita suositeltavia levytyksiä:

Anteeksi on pyytää vaikeaa, Mä muistan hymyn vain, Odotat lastain, Painajainen, Rebecca, Räystäät jos tippuu, Teot ihmisten.

Lea Laven: Ja silti jään (EMI 1974)

Säv. Shel Shapiro, san. Chrisse Johansson, sov. Ari Oinonen

Lea Laven on levyttänyt useita italialaisperäisiä lauluja, joista tunnetuin on *Niin*, käännösversio Italian menestyksekkäästä euroviisusta vuodelta 1974. Samana vuonna ilmestyneen *Niin*-albumin avauskappale *Ja silti jään* on myös kotoisin Italiasta, mutta se on jäänyt aika vähälle huomiolle. Laulu on kuin mittatilaustyönä tehty Lavenille, jonka tuskaisan tumma tulkinta saa kaiken irti vaativasta teoksesta. Iskelmäksi teoksessa on progressiivisia aineksia, ja huuliharppu sekä kitara tuovat sovitukseen bluesin tuntua. Ei mitään listapoppia, mutta taiten toteutettua viihdemusiikin aatelia. *Ja silti jään* sekä koko käännöshittejä vilisevä *Niin*-albumi löytyvät Spotifysta.

Muita suositeltavia levytyksiä:

Aamulla rakkaani näin, Chanson d'amour, Insieme a te, Tänään tarvitsen sua niin, Vie meidät rakkauteen.

Muska: Rock'n roll kiertää (Love Records 1973)

Säv. Roger Tillison, san. Gobseck,
sov. Järvinen & Jukka Gustavson

Vuonna 1971 ensilevytyksensä julkaissut
Muska tuli tunnetuksi rokahtavasta ohjelmistosta, mikä oli Suomessa tuohon aikaan vielä naisartistille harvinaista. Ensimmäinen pitkäsoitto *Krokotiili rock* -hitteineen ilmestyi 1973 ja samalta albumilta löytyy myös rockballadi nimeltä *Rock'n roll kiertää*. Laulu kestää yli viisi minuuttia, mikä lienee syy sille, että se jäi radiossa vähälle soitolle? Tässä hitaassa tunnelmapalassa Muska pääsi paremmin esittelemään tulkitsijan taitojaan ja sielukkuuttaan laulajana. Eläytyminen ylitti tässäkin ne standardit, joihin meillä siihen saakka oli totuttu. Levytys löytyy Spotifysta.

Muita suositeltavia levytyksiä:

Häämuistojen valssi, Paha tyttö, Tää se päivä on, Vähän ennen kyyneleitä.

Jarno Sarjanen: Sunnuntaiaamu
(Blue Master 1971)

Säv. ja san. Kari Kuuva, sov. Ari Oinonen

Jarno Sarjanen vierasti esilläoloa ja oli mielty-
nyt countryyn, joka ei 1970-luvun Suomessa
vedonnut suureen yleisöön. Niinpä hän jäi
melko pienten piirien arvostamaksi muusikoksi.
Sarjanen teki yhteistyötä Kari Kuuvan kanssa,
jonka taitavasta sävelkynästä oli lähtöisin en-
slalbumille päätynyt laulu nimeltä *Sunnuntai-
aamu*. Kuuvan sanoitus kertoo sydämensä sär-
keneen miehen tunnoista, ja Jarno Sarjanen
tulkitsee ne riipaisevan herkästi, mutta samalla
koruttoman miehekkäästi. Huuliharppu kruu-
naa haikean tunnelman. Tätä kantriballadihel-
meä kuulee radiossa kerran vuodessa tai kah-
dessa, mutta se ei ole tarpeeksi. Levytys löytyy
Spotifysta.

Muita suositeltavia levytyksiä:

*Enteet tunnen, Juo maljas pois, Mietin, mitä
teen, Nukkekoti, Pienen pojan* haaveet.

Virve Rosti: Luokses viimein jään (Delta 1976)

Säv. Goria Gaynor, san. Pertsa Reponen, sov. Veikko Samuli

Virve Rostin, eli tuohon aikaan Vickyn, toinen albumi nimeltä *1-2-3-4 tulta!* on discopainotteinen, mutta siltä löytyy myös muutama balladi. *Luokses viimein jään* on käännös Gloria Gaynorin säveltämästä ja esittämästä laulusta *I'm Still Yours*. Veikko Samulin sovitus on tyylikästä tuon ajan yökerhoviihdettä, ja haikailevan soulballadin voimakas tulkinta osoittaa 18-vuotiaalta Virve Rostilta harvinaista varhaiskypsyyttä. Samaa sielukkuutta pystyttiin hyödyntämään myös laulajan monissa discolevytyksissä, joiden parissa hän oli omaa luokkaansa näissä maisemissa. Levytys löytyy parilta cd-kokoelmalta ja Spotifysta.

Muita suositeltavia levytyksiä:

Antaudun, Eletään, Elämä kantaa, En ole maalla ollut koskaan, Koditon, Talven tullen.

Saija Varjus: Tähtiin kirjoitettu (Mediamusiikki 1999)

Säv. Fridrich Bruk, san. Risto Asikainen Ilkka Vainio, sov. Risto Asikainen

Vuoden 1996 tankokuningatar Saija Varjuksen useimmat hitit ovat olleet kevyttä popahtavaa iskelmää, jossa hienoa tummaa ääntä ei ole päässyt hyödyntämään monipuolisesti. Parhaimmillaan laulajan ääni soi kappaleessa *Tähtiin kirjoitettu*, joka osallistui vuoden 1999 Syksyn Sävel -kilpailuun. Laulu ei menestynyt eikä siitä tullut kestosuosikkia. Sävellys ei ollut tarpeeksi tarttuva, ja se oli ehkä liian surumielinen jopa suomalaiseen melankolian nälkään? Sanoituksessa on mukana hengellisiä vivahteita ja sovitus on pelkistetyn tyylikäs. Levytys löytyy Spotifysta.

Muita suositeltavia levytyksiä:

Jalat irti maasta, Jokainen päivä on liikaa, Mieleesi jään, Mimosan hipiä, Pimeyden tango, Soi maininki hiljainen.

Johnny: Laia ladaia (Scandia 1966)

Säv. trad. san. Pertsa Reponen, sov. Esko Linnavalli

Johnny oli Dannyn ohella 1960-luvun suosituin mieslaulaja Suomessa, jossa kokonaisen pitkä-soiton julkaiseminen oli vielä harvinaista. Vuonna 1966 julkaistun *Johnny*-albumin avaus-raita nimeltään *Laia ladaia* oli tuohon aikaan muodikasta bossanovaa. Sovitus on Esko Linna-vallin tyylikkään hienostunutta käsialaa leijaile-vine huiluineen. Artisti tulkitsee haikean melo-dian herkästi pehmeällä äänellään, ja koko-naisuus tihkuu unenomaista eksotiikkaa. Levy-tys löytyy cd-kokoelmilta ja Spotifysta.

Muita suositeltavia levytyksiä:

Hyvin menee kuitenkin, Ihana aamu, Iltapäivää, Jonglöörit, Kissankellojen aikaan, Melkein.

Arja Koriseva: Aamuyö (WEA 2001)

Säv. Benjamin Estacio & Maria Mercedes Cruxens,
san. Chrisse Johansson, sov. Veijo Laine

Vuoden 1989 tangokuningatar Arja Koriseva ei
suosiostaan huolimatta ole levyttänyt suuria
hittejä. Lähes ainoa heti häneen assosioituva
kappale lienee *Enkelin silmin*, joka osallistui
vuoden 1991 Suomen euroviisukarsintoihin.
Näin ollen voisi ajatella, että Korisevalta löytyy
paljonkin "unohtuneita tulkintoja".

Vuonna 2001 levytetty käännöskappale *Aa-
muyö* ei ole tutun kepeää ja pirteää Arja Korise-
vaa. Tuotantoon ja sovittamiseen on satsattu,
ja suuren orkesterin sointi tuo mieleen kään-
nösiskelmän kulta-ajat. Ilmavan hienostunut
balladi antaa artistille mahdollisuuden käyttää
tavallista enemmän vivahteita ja herkkyyttä
tulkinnassaan. Tulos on ajattoman viihdemusii-
kin hehkuvaa sointia. Levytys löytyy Spotifysta.

Muita suositeltavia levytyksiä:

*Harhakuvia, Huomiseen, Jos sinut kohtaisin,
Niin, Niin yksin, Rakastua vai rakastaa.*

Kirka: Kaikki sallitaan (EMI 1976)

Säv. Stevie Wonder, san. Chrisse Johansson, sov. Esko Linnavalli

Kirkan laajan tuotannon huomioon ottaen ei ole ihme, että jotkut levytykset ovat jääneet paitsioon. Suosituimmat levytykset sijoittuvat toisaalta uran alkuvuosien popahtavaan vaiheeseen ja toisaalta myöhempään iskelmälliseen vaiheeseen. Siihen väliin jäi soulahtava vaihe 1970-luvun puolivälin tienoilla, jolloin Kirka revitteli sielukkaasti ja täysin palkein, mikä taisi suurelle yleisölle ajoittain olla liikaa? Niin tai näin, tuolloin syntyi nippu huikean sielukkaita levytyksiä, joista hyvänä esimerkkinä käy Stevie Wonder -cover *Kaikki sallitaan*. Saatiin odottaa vuosikausia ennen kuin Suomessa alettiin laajemmin esittää soulia tällä tasolla. Levytys löytyy Spotifysta.

Muita suositeltavia levytyksiä:

Liikaa stadiin, Mamy Blue, Silloin ihminen kaunein on, Silta yli synkän virran, Taas nousen junaan, Valvotaan vaan.

Anki ja Ismo Sajakorpi: Sinun uneesi
(Top Voice 1968)

Säv. Francis Lai, san. Freij Lindqvist ja Sami, sov. Jörgen Petersen

Anki tunnetaan monista levytyksistään soolona ja Cumulus-yhtyeen kanssa. Ohjaaja ja käsikirjoittaja Ismo Sajakorpi muistetaan parhaiten showryhmästä Kivikasvot. Sajakorpi levytti melkein pelkästään Kivikasvojen kanssa, mutta kaksi duettoa syntyi myös Ankin seurassa.

Sinun uneesi on suomenkielinen versio Fancis Lain sävellyksestä *Plus fort que nou*, joka on sävelletty vuonna 1966 valmistuneeseen elokuvaan *Une homme et une femme*. Pianon ja huilun kannattelemassa melankolisen herkässä balladissa on aineksia viihteellisestä jazzista ja hidastempoisesta bossanovasta. Molemmat solistit laulavat alleviivaamattoman hauraasti, kuten genreen sopii. Levytys on ainutlaatuinen helmi suomalaisen käännösmusiikin ketjussa. *Sinun uneesi* löytyy Ankin albumilta *Vielä pois* ja kokoelmalta *Niin kauan kuin tää kestää saa - taiteilijan taival*. Levytys löytyy myös Spotifysta.

Muita suositeltavia levytyksiä:

Anki: *Hän kahlaa kanssasi halki tulppaanien,
On kaupunkimme sateinen, Varjot.*

Ismo Sajakorpi: *Hoi laari lii* (soolo Kivikasvojen
kanssa), *Muurahaispolku* (soolo Kivikasvojen
kanssa), *Tunnetko* (duetto Ankin kanssa).

Markku Aro: Judy Judy (Finnlevy 1976)

Säv. Pierre Rapsat, san. Vexi Salmi, sov. Antti Hyvärinen

Belgian vuoden 1976 edustuskappale Eurovision laulukilpailuissa oli *Judy et cie*, jonka Vexi Salmi käänsi suomeksi nimellä *Judy Judy*. Melankolinen chanson-henkinen laulu kertoo yksinäisestä päiväuniinsa vaipuneesta naisesta. Markku Aron pehmeän taipuisa ääni välittää vaivattomasti haikean tarinan, jota säestää Antti Hyvärisen tyylikäs jousilla maustellu sovitus. Tämä *Etsin kunnes löydän sun* -albumilta löytyvä herkkämelodinen kappale ilmestyi myös singlenä, mutta se jäi albumin nimikappaleen ja *Hän mennyt on* -singlen varjoon. *Judy Judy* löytyy Spotifysta.

Muita suositeltavia levytyksiä:

Anna mahdollisuus, Keskiyön aikaan, Kun sä vierelläin sateessa oot, Pois sun vien, Rakkautta vain, Rouva Jones.

Carola ja Kai Hyttinen: Kanssas synnyn uudestaan (Gold Disc 1980)

Säv. David Shire, san. Vexi Salmi, sov. Paul Fagerlund

Tässä duetossa harvinaista on se, että nainen ja mies laulavat ilman oktaavin korkeuseroa. Tämän teki mahdolliseksi Carola, joka oli tunnettu aistikkaan karheasta ja tummasta äänestään. *Kanssas synnyn uudestaan* julkaistiin *Kai Hyttinen* -nimisellä albumilla vuonna 1980. Samana vuonna Carola teki paluun muutaman vuoden tauon jälkeen julkaisemalla albumin nimeltä *Maria Maria*. Duetto on alun perin musiikkia amerikkalaisesta elokuvasta *Fast Break*. Suomenkielisessä versiossa kaksi kypsää ja herkkää artistia yhdistää taitonsa ja syntyy sykähdyttävän hauras tulkinta. Paul Fagerlundin jousisovitus henkii rauhaa. Levytys löytyy Spotifysta.

Muita suositeltavia levytyksiä:

Carola: *En automne a Paris, The Flame, Hunajainen, Rakkauden jälkeen, Sydämeen jäi soimaan blues.*

Kai Hyttinen: *Copacabana, Katson taaksepäin, Lappi sydämeni vei, Muistan kesän, Nosta lippu salkoon.*

Kisu: Luotan huomiseen (Scandia 1978)

Säv. Leroy Gomez & Arthur Cobb, san. Chrisse Johansson,
sov. Veikko Samuli

Kisun suurimpien hittien aika oli jo ohi kun häneltä vuonna 1978 ilmestyi albumi nimeltä *Luotan huomiseen*. Nimikappale oli käännösversio
Santa Esmeralda -yhtyeen hitistä *You're My
Everything*. *Luotan huomiseen* on tunteikas balladi, jonka Kisu esittää raikkaan koruttomasti ja
turhia paisuttelematta. Veikko Samulin ilmava
sovitus akustisine kitaroineen henkii käännösmusiikin kulta-aikaa, ja Chrisse Johanssonin sanoitus on koskettava vilpittömyydessään. Levytys löytyy Spotifysta.

Muita suositeltavia levytyksiä:

*Jotain en enää saa, Kun paljon antaa, Tunteet,
Uneen aika vaipuu, Vuodet ohi käy.*

Eija Merilä & Lasse Mårtenson: Hyvä päivä tänään (Erva 1973)

Säv. ja san. Lasse Mårtenson

Tämä Kotimaisen tuotannon valtuuskunnan kustantama mainoslevytys on edelleen saatavissa vain vinyylisinglenä. Sanoitus kannustaa suosimaan suomalaista. Kepeän jazzahtava bossanova sujuu Mårtensonilta ja Merilältä ammattitaitoisen vaivattomasti ja svengaavastl. Vaikutelma ei olekaan - paradoksaalista kyllä - kovin suomalainen, vaan tällaista tekivät mm. Lill Lindfors ja Sylvia Vrethammar läntisessä naapurimaassamme. *Hyvä päivä tänään* soi ilmestyttyään tiuhaan radiossa, ja edelleenkin se on tunnelmaltaan varsinainen hyvän mielen tuoja.

Muita suositeltavia levytyksiä:

Eija Merilä: *Iät ja ajat, Luvannut en ruusutarhaa, Rakkautemme muisto, Äiti sun kaltaises.*

Lasse Mårtenson: *Anssin Jukka, Marraskuu, Poika, Vain mies, Vihreät omenat, Voin sanoa sen toisinkin.*

Pave Maijanen: Hän tulee mun sänkyyn
(Parlophone 1991)

Säv. ja san. Maija Paavonen, sov. Pave Maijanen

1980-luvun jälkeen Pave Maijasen hittiputki katkesi ja alkoivat hiljaisemmat ajat. Vuonna 1991 ilmestyneen *No Joking* -albumin avausraita oli kestoltaan yli viisi minuuttia, mikä lienee ainakin yksi syy siihen, ettei se soinut pahemmin radiossa, vaikka singlenä julkaistiinkin. *Hän tulee mun sänkyyn* on yksl Maijasen hienoimmista levytyksistä. Koko teos on artistin oma käsialaa, sillä hän soitti kaikki instrumentitkin itse. Erityisesti puhaltimien kohdalla on kaikuja 1960-luvulta ja laulustemmat ovat korvia hiveleviä. Seesteinen sovitus on retroilusta huolimatta tuoreen ja ajattoman tuntuinen. Joillekin tämä ammattitaidon mestarinäyte voi olla liian hiottu ja siksi särmätön? Levytys löytyy Spotifysta.

Muita suositeltavia levytyksiä:

Fever, Ikävä, Kuinka tietää voin, Lilja, ruusu ja kirsikkapuu, Yhtenä yönä.

Liisa Tavi & Otto Donner: Vaeltava sydän
(Pyramid 2002)

Säv. Caetano Veloso, san. Jaana Lappo

Poliittisen laululiikkeen edustajaksi leimautunut Liisa Tavi on joillekin punainen vaate, mutta taitava artisti on levyttänyt paljon muutakin. Kenties viimeiseksi jäänyt pitkäsoitto nimeltään *Vaeltava sydän* sisältää juuriltaan brasilialaislähtöistä musiikkia. Albumin nimikappaleessa Tavi duetoi koko levyn tuottaneen Otto Donnerin kanssa. Tämä tunnelmallinen ja alakuloinen bossanova saa osakseen hienostuneen tulkinnan. Liisa Tavin ääni soi alarekisterissä lämpimästi ja sielukkaan täyteläisenä. Otto Donner laulaa pehmeästi ja pelkistetysti hyvin bossanovan traditioon istuen. Harmi, ettei albumia löydy Spotifysta.

Muita suositeltavia levytyksiä:

Liisa Tavi: *Kun palaan nuoruuteeni, Miten käy, Sua aina rakastan, Suuri hiljaisuus, Uuteen aamuun taas, Vuokses uskallan.*

Otto Donner: *Kuka kertoisi minulle, Niin vähän on aikaa, Puhu hiljaa minulle, Riemun siemenet.*

Lähteet

Kirjalliset:

Erola, Lasse: Rakkauden sävel. Iskelmän kulta-ajan naistähdet, Helsinki-kirjat, 2010.

Gronow, Pekka: Esittelyteksti äänitteellä Sinikka Oksanen - Antero Stenberg. Radio Sessions 1959-1966.

Latva, Tony - Tuunainen, Petri: Iskelmän tähtitaivas: 500 suomalaista viihdetaiteilijaa, WSOY, 2004.

Internet:

Discogs: www.discogs.com/

Finna: finna.fi/

Fono: www.fono.fi/

Pomus: wiki.pomus.net/wiki/

Suomen äänitearkisto: www.aanitearkisto.fi/

Wikipedia: https://fi.wikipedia.org/wiki/Wikipedia:Etusivu

Kappalehakemisto:

Henkilöhakemisto: